EPITRE

A

CATHERINE II,

IMPERATRICE

DE

TOUTES LES RUSSIES.

A PARIS,

De l'Imprimerie de Sébastien Jorry, rue &
vis-à-vis la Comédie Françoise, au Grand Monarque
& aux Cigognes.

M. DCC. LXV.

Avec Approbation.

EPITRE

A CATHERINE SECONDE,

IMPERATRICE

DE TOUTES LES RUSSIES.

De tous les objets qui nous environnent, & de tous ceux que peut créer l'imagination, rien n'eſt étranger à la Poëſie. Auſſi variée que la Nature, elle lui rend en fictions, tout ce qu'elle en reçoit en réalité. Elles ſe prêtent des ſecours mutuels, & les ornemens de

A iij

l'une compofent toujours la parure de l'autre.

TELLE eft l'idée que je me fuis faite de l'art des Miltons , & des Voltaires ; des efprits froids voudroient en vain lui donner pour limites , les limites mêmes de leur génie. La Poëfie étend fes aîles, & plane au‑deffus d'eux. Elle defcend quelquefois de cette fphère brillante , & fe montre fous des traits moins fiers ; la flamme qui bruloit fur fon front fait place à des rayons plus doux. La Déeffe impofante devient une Courtifane aimable qui retrouve en féduction ce qu'elle vient de perdre en majefté. Le monde phyfique , le monde moral , les plis les plus fecrets du cœur humain , l'éclair de la penfée , tout lui eft affujetti , tout s'anime & fe reproduit par elle.

M A I S parmi les Sujets innombrables qu'elle embellit de fes couleurs , elle doit préférer fans doute ceux qui la raménent à la nobleffe de fon origine. Le berceau de la Poëfie étoit entouré de vertus. Les premiers Poëtes furent les premiers Légiflateurs, les premiers Pontifes; ils ne célébroient que la Divinité, & les belles actions des hommes qui lui reffemblent. Ils éternifoient la gloire des Bienfaîteurs du Monde & l'opprobre de fes tyrans. Quel art fublime ! & combien font coupables ceux qui l'ont dégradé !

Qu'on ne dife point que fon appauvriffement vient de la difette des modéles. Le bien & le mal font repartis fur chaque Siécle dans une égale mefure. Il n'y a de différence que dans la forme. La méme alternative de vices & de vertus raméne naturellement les mémes fatyres & les mémes éloges. Depuis que ce globe exifte ,. tous les peuples unis en corps de nation , fe font reffemblés, fi l'on en excepte les habits , le langage , & quelques ufages ridicules que l'on confond trop fouvent avec les mœurs générales.

C E S

CES fous mélancoliques, qu'on appelle Moraliftes, & qui perdent la Morale, ont prononcé que ce Siécle-ci eft plus corrompu qu'un autre ; je ne crois ni à leur délire, ni à leur décifion. Chaque jour fournit de grands exemples & des actes de bienfaifance, dignes des âges les plus épurés, & qui n'attendent que des panégyriftes.

PARMI ces actions, qui méritent une place dans les faftes de l'humanité, on ne doit point oublier ce que vient de faire l'Impératrice de Ruffie pour un homme de Lettres célébre, mais qu'une confidération infructueufe ne mettoit point à l'abri de l'infortune. M. Diderot, par une de ces circonftances, que le génie dédaigne de prévoir , fe trouvoit réduit à fe défaire de fa Bibliothéque. Il avoit communiqué fon deffein à queiques amis , qui bientôt le rendirent public. Le bruit en parvint jufqu'au Trône d'une Souveraine qui protége à 500 lieues de nous les Arts & la Philofophie.

Voici la Lettre qu'elle a fait écrire à ce fujet à un de fes Correfpondans , Homme de Lettres lui - méme, & ami de M. Diderot.

A Pétersbourg, ce 5-16 Mars 1765.

LA protection généreuse , Monsieur , que notre auguste Souveraine ne cesse d'accorder à tout ce qui a rapport aux Sciences , & son estime particulière pour les Sçavans , m'ont déterminé à lui faire un fidéle rapport des motifs qui, suivant votre Lettre du 10 Février dernier, engagent M. Diderot à se défaire de sa Bibliothéque ; son cœur compâtissant n'a pu voir sans émotion que ce Philosophe si célébre dans la République des Lettres, se trouve dans le cas de sacrifier à la tendresse paternelle l'objet de ses délices, la source de

B ij

ses travaux & les compagnons de ses loisirs. Aussi Sa Majesté Impériale pour lui donner quelques marques de sa bienveillance & l'encourager à suivre sa carrière, m'a chargé de ne faire pour elle l'acquisition de cette Bibliothéque au prix de quinze mille livres que vous proposez , qu'à cette seule condition, que M. Diderot, pour son usage, en sera le dépositaire jusqu'à ce qu'il plaise à Sa Majesté de la faire demander. Les ordres pour le payement de seize mille livres sont deja expédiés au Prince Galitzin, son Ministre à Paris. L'excédent du prix, & toutes les années autant, est encore une nouvelle preuve des bontés de ma Souveraine pour les soins & peines qu'il se donnera à former cette Bibliothéque, ainfi c'eft une affaire terminée.

TÉMOIGNEZ, je vous prie, à M. Diderot combien je fuis flatté de l'occafion d'avoir pu lui être bon à quelque chofe. J'ai l'honneur d'être, Monfieur, &ç.

Signé J. BETZKY,

PEUT-ON fe défendre, en lifant cette Lettre, de cette émotion délicieufe, de cet épanouiffement de l'âme, que produit toujours le fpectacle ou le récit d'une belle action! que de ménagemens & de délicateffe! combien la reconnoiffance eft douce, quand la main du bienfaîteur fe çache, & ne laiffe voir que le bienfait! l'art d'obliger ainsi, est un art vraiment digne du Trône. Il semble au vulgaire que les Souverains, ces Etres privilégiés, si peu faits à se croire nos égaux, pourroient se dispenser, lorsqu'ils répandent leurs graces, de ces égards ingénieux qui font des devoirs pour les particuliers.

MAIS les grandes âmes dépouillent tous ces préjugés brillans, cette féerie des rangs & des honneurs, ce triste sentiment de supériorité qui brise tous les liens, détruit tous les rapports, & corrompt la source même de la bienfaisance. Elles réduisent le Monarque au titre primitif, au titre sacré d'homme, obligé de secourir son semblable.

TELS ont été fans doute les motifs fublimes qui ont conduit l'Impératrice dans le bel exemple qu'elle vient de donner aux Souverains. Quelle leçon fur - tout pour ces protecteurs fubalternes , qui ne font que vains , & fe vantent d'être fenfibles , qui rendent vil le malheureux qu'ils obligent, lui font boire la lie du bienfait, payent des flatteurs , penfionnent des efclaves, achetent des victimes , & juftifieroient prefque les ingrats qu'ils font , fi le plus bas des vices pouvoit trouver une excufe. Entre la plus affreufe indigence & la protection d'un Sot , il ne faut pas balancer un moment. Le malheur n'eft rien auprès de l'humiliation. L'aviliffement eft une mort lente qui ne laiffe pas même à l'âme le droit confolant de fe croire immortelle , & l'orgueil , ce vice de la profpérité , eft ou doit être la vertu de l'infortune.

Mais n'altérons point par ces triftes réflexions le plaifir pur que doit laiffer dans tous les cœurs fenfibles, le trait que j'ai ofé celébrer, pour l'honneur du Trône, l'émulation des Rois & le bien de l'humanité.

ÉPITRE

ÉPITRE
A CATHERINE II,
IMPERATRICE
DE RUSSIE.

Brillante encor des fleurs de l'âge,

Tu ceignis le bandeau des Rois :

Le Soli-kam te rend hommage;

La Næva, fière de ses droits,

C

Aime à réfléchir ton image ;

Et , sans envier l'or du Tage ,

Roule ses glaçons sous tes loix.

Tu régis cet Empire immense

Dont la nuit couvre l'Orient ,

A l'inftant que des feux qu'il lance

Le jour embrafe l'Occident.

Un vafte & merveilleux ouvrage , *

Ce lien de deux grands Etats ,

Te fait toucher à ces climats ,

Où , refpectable fans combats ,

On eft foumis fans efclavage ;

A ces rivages floriffans ,

Habités par ce Peuple antique ,

Qui , depuis près de cinq mille ans ,

Dans un calme philofophique ,

Echappe au ravage des temps ;

Sous le voile de fes Pagodes

Adore un Etre protecteur ;

* *La grande Muraille.*

Trafique avec nous de ſes modes,
Et garde pour lui ſon bonheur.

Mais tout ce brillant appanage,
Ces titres ſuperbes & vains,
Et ce dangereux avantage
De gouverner quelques humains,
Ne ſont rien aux regards du Sage.
Il vient, la balance à la main,
S'aſſeoir ſur les marches du Trône :
Ses yeux, fermés ſur la Couronne,
Ne fixent que le Souverain.

Le cri d'une injuſte victoire
Qui ſe mêle aux cris des mourans,
Egorgés des mains de la gloire,
Pour l'affreux plaiſir des Tyrans :
Tout pouvoir qui nuit & qui bleſſe,
Tout Sceptre lâchement porté,
Et tout laurier enſanglanté,

C ij

Sont vils aux yeux de la Sageſſe.

Quand elle oſe élever ſa voix,

C'eſt pour ceux que le Ciel fit naître

Puiſſans & juſtes à la fois ;

A qui l'on permet d'être Rois,

Parce qu'ils ſont dignes de l'être.

Pour qui l'auguſte vérité

N'a point encor perdu ſes charmes,

Qui, comme toi, ſéchent les larmes

De la plaintive humanité ;

Dont l'inquiéte bienfaiſance

Adoucit les ſecrets tourmens

De la courageuſe indigence ;

Des Muſes ranime les chants ;

Et va répandre l'abondance

Dans l'aſyle obſcur des talens.

C O M B I E N il faut que l'on t'admire,

Et qu'on répéte à l'Univers,

Qu'une Souveraine reſpire,

Dont les yeux font toujours ouverts

Sur l'infortuné qui foupire ;

Qui prévient fes timides vœux,

Du bienfait tremble de l'inftruire ,

Et, dans un tranfport généreux ,

Loin des bornes de fon Empire

Cherche à faire encor des heureux.

Ainfi ce globe de lumière

Qui, fous un ciel brillant & pur ;

Pourfuivant fa vafte carrière ,

Roule des flots d'or & d'azur ;

D'un feul point luit fur tous les Mondes ,

Eclaire le noir Africain ,

Blanchit la perle au fein des Ondes,

Et dans fes cavernes profondes ,

Va mûrir l'or du Méxicain.

PAR tes foins il va donc renaître

Ce Philofophe refpecté ,

Et qui fut malheureux, peut-être

Pour trop aimer la vérité.

Déformais, vainqueur de l'envie,

Dans fon heureufe obfcurité,

Il peut, fans redouter la vie,

Aller à l'Immortalité.

Homère, Virgile, Pindare,

Vous ne lui ferez point ravis :

Une faveur fublime & rare

Lui rend fes Dieux & fes amis;

Ses vrais amis, les feuls fidéles ;

Les feuls que l'on retrouve hélas !

Au fein des difgraces cruelles ;

Les feuls qui ne foient point ingrats.

Dans le cours de ces doétes veilles,

De ces laborieufes nuits ,

Qui font éclore les merveilles

Dont nous allons être enrichis ;

D'un efprit aétif & paifible

Il pourfuivra fes longs travaux,

Sans craindre le retour horrible

Des foucis, pires que les maux.

Il aura du plaifir encore

A voir, dans fon humble féjour,

Poindre la clarté de l'Aurore

Et les premiers feux d'un beau jour.

ALORS fi tu viens à paroître,

Toi, fa fille, objet de fes vœux,

Des pleurs couleront de fes yeux.

Orgueilleux de t'avoir fait naître,

Il ofera fe croire heureux,

Dans l'efpoir que tu pourras l'être ;

Et, te foulevant dans fes bras,

Bénira la main tutélaire,

Qui, par des fecours délicats

Tranquilife le cœur d'un père.

QUEL grand exemple pour les Rois!

Leur fuprême magnificence

Brille moins dans la récompenfe,

Que dans l'équité de leur choix.

Poursuis, illuſtre Catherine;

Tu ſens ces grandes vérités,

Par qui ſont toujours cimentés

Les Trônes, que le Ciel deſtine

A de hautes proſpérités.

Pierre s'éléve; la Ruſſie,

Pour naître, attendoit ce héros.

Sous les aîles de ſon génie

Il va féconder ce cahos;

En vain ſon ſang brûle & bouillonne,

Il eſt toujours maître de ſoi;

Il ſçait deſcendre de ſon Trône,

Pour y remonter en grand Roi.

Il foule aux pieds ces vains phantômes,

Qui pouvoient retarder ſes vœux.

Pierre a ſçu te créer des hommes,

Et tu ſçauras les rendre heureux.

Borné par toi dans ſa puiſſance,

Par toi, reſſerré dans ſes biens,

Un

Un Corps oisif que tu retiens

Dans une paisible indolence,

Ne dévore plus la substance

Des plus utiles Citoyens.

Déjà dans une Cour polie

Tout sert & prévient tes desirs;

Ta voix excite l'industrie,

Le goût ennoblit tes plaisirs.

L'essain des amours t'environne;

Je les vois, jouant près du Trône,

A la palme auguste des Arts

Enlacer les fleurs les plus vives,

Et, rechauffés par tes regards,

Ne point envier d'autres rives.

Tu ne dois point le dédaigner

Ce culte flatteur & sincère;

Plus d'une femme a sçu régner;

Bien peu de Reines ont sçu plaire.

Jouis de ces faveurs des Cieux:

D

Pour moi, caché sous un nuage,

Permets que j'échappe à tes yeux.

Content, à l'abri de l'orage,

Je ne demande rien aux Dieux.

Si j'avois été malheureux,

Tu n'aurois point eu mon hommage.

F I N.